もくじ

おはなしに 出《で》て くる くにが どこに あるか、さがして みましょう。

※この本では，主要教科書及び地図帳にもとづき，国を掲載しています。
※国の名前は，一般的に使われることの多い通称で表記していることがあります。
※上記の地図の国名は，主なものにしぼっている地域もあります。
※すべての情報は，2019年5月現在のものです。

1

アメリカ①
やきゅうの たん生《じょう》

やきゅうは、日本《にほん》でも 人気《にんき》の ある スポーツです。やきゅうは、アメリカで 生《う》まれ、日本《にほん》に つたわりました。

やきゅうの もとに なったのは、イギリスで おこなわれて いた ボールあそびです。その あそびが アメリカに わたり、スポーツと して たのしまれるように なりました。

アメリカの やきゅうと いえば、メジャーリーグが ゆう名《めい》です。メジャーリーグは、アメリカの プロの やきゅうせん手《しゅ》が たたかう、トップの リーグです。ぜんぶで 三十《さんじゅう》の チームが あり、毎年《まいとし》 ゆうしょうチームを きめて います。

読《よ》んだ日《ひ》 月《がつ》 日《にち》

❶ やきゅうは、どこの くにで 生《う》まれた スポーツですか。

（　　　）

❷ やきゅうの もとに なった あそびは、どこの くにで おこなわれて いましたか。

（　　　）

むかしと　くらべると、　いまでは、　メジャーリーグで　かつやくする　日本人《にほんじん》の　せん手《しゅ》も　ふえました。日本《にほん》でも、　テレビで　メジャーリーグの　しあいを　見《み》る　ことが　できます。日本《にほん》の　プロやきゅうせん手《しゅ》と　メジャーリーグの　せん手《しゅ》が　たたかう　しあいも、　おこなわれて　います。

③ アメリカの　メジャーリーグには、　いくつの　チームが　ありますか。　二字《にじ》で　かきましょう。

④ 正《ただ》しい　ほうの　文《ぶん》に、　○を　つけましょう。

ア　むかしと　くらべると、　メジャーリーグで　かつやくする　日本人《にほんじん》の　せん手《しゅ》は　へった。

イ　日本《にほん》でも、　メジャーリーグの　しあいを　見《み》る　ことが　できる。

アメリカ②
おいしい　ハンバーガー

ハンバーガーは　すきですか。ハンバーガーは、ハンバーグを　二《に》まいの　パンに　はさんだ　たべものです。アメリカで　生《う》まれました。

ハンバーグは、ひきにくに、玉《たま》ねぎと、パンを　こまかく　くだいた　パンこと、たまごなどを　まぜて、こねた　ものを　やいた　りょうりです。ふつうは、ひらたくて　円《まる》い　かたちを　して　います。ハンバーグは、ドイツで　生《う》まれた　りょうりだと　いわれて　います。

ハンバーグを　たべる　ときは、ナイフと　フォーク、または　おはしなどを　つかわなくては　なりません。けれども、ハンバーガーは、手《て》で　もって　たべる　ことが　できます。おさら

読《よ》んだ日《ひ》　月《がつ》　日《にち》

❶ ハンバーガーは、なにを　二《に》まいの　パンに　はさんだ　たべものですか。

（　　　　）

❷ ハンバーガーは、どこで　生《う》まれた　たべものですか。

（　　　　）

❸ パンこは、なにを　こまかく　くだいた　ものですか。

（　　　　）

が　なくても　たべられるので、いそいで　いるときなどに、とても　べんりです。おみせでちゅう文《もん》すると　すぐに　出《で》て　くる、かんたんな　たべものの　ことを、ファーストフードといいます。ハンバーガーは、ファーストフードの一《ひと》つです。

アメリカには、この　ほかにも　フライドチキンや　ドーナツなど、ファーストフードの　おみせが　たくさん　あります。

❹ ハンバーグは、どこで　生《う》まれた　りょうりだと　いわれて　いますか。

（　　　　　　）

❺ 正《ただ》しい　文《ぶん》は　どれですか。一《ひと》つに　○を　つけましょう。

ア　ハンバーガーは、ふつうは　四角《しかく》い　かたちを　して　いる。

イ　フォークを　つかって　たべる　ものを、ファーストフードと　いう。

ウ　アメリカには、ファーストフードの　おみせが　たくさん　ある。

アメリカ③ ジョージ・ワシントン

むかし、アメリカに、ジョージと　いう　男《おとこ》の子《こ》が　いました。
ある　日《ひ》、ジョージは　にわで　ともだちとあそんで　いる　とき、うっかりして　さくらの木《き》を　おって　しまいました。その　さくらは、おとうさんが　とてもだいじに　して、花《はな》がさくのを　たのしみにして　いた　木《き》でした。
つぎの　日《ひ》の　あさ、ジョージは　おとうさんに　よばれました。

❶ ジョージは、どこで　ともだちと　あそんで　いましたか。

（　　　　　）

❷ ジョージが　さくらの　木《き》を　おって　しまった　ようすと　して、正《ただ》しい　ほうの文《ぶん》に　○を　つけましょう。
ア　おろうと　して、わざとおって　しまった。
イ　おる　つもりは　なかったのに、あやまって　おってしまった。

読《よ》んだ日《ひ》　月《がつ》　日《にち》

「さくらの　木《き》が　おれて　いる。だれが　やったか、しって　いるか。」

おとうさんは、とても　おこって　いるように見《み》えました。でも、ジョージは、ゆう気《き》を　出《だ》して、

「ごめんなさい。ぼくが　やりました。」

と、いいました。おとうさんは、しばらくジョージを　見《み》つめて　いました。おとうさんはおこらなかったばかりか、ジョージが　正直《しょうじき》にはなした　ことを、ほめて　くれたのです。

正直《しょうじき》で　ある　ことを　だいじに　したジョージは、大人《おとな》に　なって、大《だい》とうりょうになりました。それが、アメリカの　はじめての大《だい》とうりょう、ジョージ・ワシントンです。

❸ おとうさんが　おこらなかったのは、なぜですか。（　）に　あう　ことばをかきましょう。

・（　　　　）が、（　　　　）の　木《き》をおった　ことを　正直《しょうじき》にはなしたから。

❹ 大人《おとな》に　なった　ジョージは、なにに　なりましたか。

・アメリカの　はじめての（　　　　）。

4 カナダ あまくて おいしい シロップ

ホットケーキや　パンケーキに　かける　メープルシロップ。おさとうのように　あまい　みつです。おかしを　つくる　ときの　ざいりょうにも　なります。あじは　はちみつに　にて　いますが、すこし　ちがいます。

メープルは、かえでと　いう　木《き》の　ことです。かえでは、日本《にほん》では　もみじとも　いいます。サトウカエデと　いう　しゅるいの　かえでの　木《き》から　とった　しるを　につめた　ものが、メープルシロップです。サトウカエデの「サトウ」は、おさとうの　ことですよ。

読《よ》んだ日《ひ》　月《がつ》　日《にち》

❶ メープルシロップは、ホットケーキの　ほか、なにに　かけますか。

（　　　　）

❷ メープルシロップは、どんな　あじですか。（　）に　あう　ことばを　かきましょう。

・（　　　　）に　にて　いるけれど、すこし　ちがう。

かえでは、カナダを　だいひょうする　しょくぶつです。カナダの　くにの　はたにも、かえでの　赤《あか》い　はっぱが　えがかれて　います。

❸ メープルシロップとは　なんですか。（　）に　あう　ことばを　かきましょう。

・（　　　）という　かえでの　木《き》から　とった（　　　）を　につめた　もの。

❹ カナダの　くにの　はたに　えがかれて　いる　ものは、なんですか。どちらかに　○を　つけましょう。

ア　メープルシロップ

イ　かえでの　はっぱ。

5 ペルー　さばくの　大《おお》きな　絵《え》

ペルーの　ナスカと　いう　ところに　ある　さばくには、とても　大《おお》きな　絵《え》が　あります。「ナスカの　地上絵《ちじょうえ》」と　して　しられて　いる、たくさんの　絵《え》です。

ナスカの　地上絵《ちじょうえ》は、どれも、千年《せんねん》より　もっと　まえに　えがかれた　ものです。数十《すうじゅう》メートルぐらいの　大《おお》きさの　ものから、二百《にひゃく》メートルを　こえる　大《おお》きさの　ものまで　あります。さる、犬《いぬ》、はちどり、くも、コンドルなど、生《い》きものの　かたちを　えがいた　ものも　あります。大《おお》きな　三《さん》かくの　かたちの　絵《え》も　あります。

ナスカの　地上絵《ちじょうえ》は、地上《ちじょう》から　見《み》ても、どんな　絵《え》なのか、よく　わかりません。一《ひと》つ一《ひと》つが、

読《よ》んだ日《ひ》　月《がつ》　日《にち》

❶ ナスカの　地上絵《ちじょうえ》は、どこに　ありますか。（　）に　あう　ことばを　かきましょう。

・ナスカに　ある

（　　　　）。

❷ ナスカの　地上絵《ちじょうえ》に　えがかれて　いる　生《い》きものは、さる、犬《いぬ》、くも、コンドルの　ほかに、どんな　ものが　ありますか。

（　　　　）

とても　大《おお》きいからです。はじめて　はっ見《けん》され
たのは、ひこうきで　空《そら》から　見《み》た　ときでした。
七十年《ななじゅうねん》ほど　まえの　ことです。
どうして　ナスカの　地上絵《ちじょうえ》が　えがかれたの
か、どんな　人《ひと》たちが　えがいたのか、くわしい
ことは、まだ　わかって　いません。

⇧さるの　絵《え》

⇧くもの　絵《え》

❸正《ただ》しい　文《ぶん》は　どれですか。
二《ふた》つ　えらんで、○を　つけ
ましょう。

ア　ナスカの　地上絵《ちじょうえ》は、二《に》
百年《ひゃくねん》ぐらい　まえに　えが
かれた。

イ　ナスカの　地上絵《ちじょうえ》は、ひ
こうきで　空《そら》から　見《み》た
ときに　はっ見《けん》された。

ウ　ナスカの　地上絵《ちじょうえ》が　な
ぜ　えがかれたのかは、わ
かって　いない。

エ　ナスカの　地上絵《ちじょうえ》を、だ
れが　えがいたのかは　わ
かって　いる。

6

エクアドル
ガラパゴスゾウガメ

たいへいように　ある　「ガラパゴスしょとう」と　いう　しまじまには、そこにしか　いない　めずらしい　どうぶつが　たくさん　います。ガラパゴスしょとうは、正《ただ》しくは　「コロンしょとう」と　いい、エクアドルと　いう　くにの　一《いち》ぶです。

ガラパゴスと　いうのは、スペイン語《ご》で　ぞうがめの　ことです。ぞうがめは、りくで　くらす　かめの　なかでは　もっとも　大《おお》きい　かめです。こうらの　大《おお》きさが、一《いち》メートルを　こす　ことも　あります。名《な》まえにも　なって　いる　とおり、ガラパゴスしょとうには、ぞうがめが　います。ガラパゴスゾウガメと　いいます。ほかにも、

❶ ガラパゴスしょとうは、どこに　ありますか。どちらかに　○を　つけましょう。

ア　たいへいよう

イ　コロンしょとう

❷ ガラパゴスとは、スペイン語《ご》で　なんの　ことですか。

（　　　　）

❸ ぞうがめは、どこで　くらして　いますか。どちらかに　○を　つけましょう。

ア　うみ　　イ　りく

読《よ》んだ日《ひ》　月《がつ》　日《にち》

ガラパゴスペンギン、ガラパゴスリクイグアナ、ガラパゴスオットセイ、ガラパゴスアホウドリなど、ほかの　ところには　いない　どうぶつが　たくさん　います。

めずらしい　どうぶつや　しぜんを　見《み》る　ため、おおくの　かんこうきゃくが　ガラパゴスしょとうを　おとずれます。しぜんを　こわさないように　する　ため、かんこうきゃくは、ガイドに　あんないして　もらう　きまりに　なって　います。

⇧ガラパゴスゾウガメ

④ ガラパゴスしょとうの　どうぶつと　して、ガラパゴスゾウガメ、ガラパゴスペンギン、ガラパゴスリクイグアナ、ガラパゴスアホウドリの　ほか、なにを　あげて　いますか。

（　　　　）

⑤ ガラパゴスしょとうに、かんこうの　きまりが　あるのは、なにを　こわさない　ためですか。三字《さんじ》で　かきましょう。

7

日本《にほん》
おすし　いろいろ

みなさん、おすしは　すきですか。すめしを　にぎって、生《なま》の　さかななどを　のせた　にぎりずし、すめしの　上《うえ》に　さまざまな　さかなや　やさいを　のせた　ちらしずし、あまく　にた　あぶらあげの　中《なか》に　すめしを　つめた　いなりずしなど、いろいろな　おすしが　ありますね。すめしとは、おすで　あじを　つけた　ごはんの　ことです。

❶ すめしの　上《うえ》に　さかなや　やさいを　のせた　すしを　なんと　いいますか。一《ひと》つに　○を　つけましょう。

ア　にぎりずし

イ　ちらしずし

ウ　いなりずし

❷ いなりずしは、なにの　中《なか》に　すめしを　つめた　ものですか。五字《ごじ》で　かきましょう。

読《よ》んだ日《ひ》　月《がつ》　日《にち》

このごろは、アメリカや　オーストラリアなど、生《なま》の　さかなを　たべる　しゅうかんの　なかった　くにでも、日本《にほん》の　おすしが　人気《にんき》です。

いまのように　おすしに　すめしを　つかうようになったのは、四百年《よんひゃくねん》くらい　まえからです。それより　むかしは、「なれずし」が　たべられて　いました。

「なれずし」は、ながい　じかんを　かけて、さかなや　貝《かい》を　はっこうさせた　はっこうしょくひんです。はっこうとは、きんの　はたらきで、ある　たべものが　べつの　たべものに　かわることです。たとえば　ヨーグルトや　チーズは、ぎゅうにゅうの　はっこうしょくひんです。

❸ おすしに　すめしを　つかうように　なったのは、いつからですか。（　）に　あう　ことばを　かきましょう。

・（　　　　）くらい　まえから。

❹ ぎゅうにゅうの　はっこうしょくひんは、どちらですか。あう　ほうに　○を　つけましょう。

ア　なれずし

イ　ヨーグルト

8 中国《ちゅうごく》①
白《しろ》と くろの 人気《にんき》もの

パンダは、むかしも　いまも、どうぶつえんの人気《にんき》ものです。みなさんも、どうぶつえんや　テレビで、かわいい　うごきを　する　パンダを見《み》た　ことが　あるでしょう。パンダは、ジャイアントパンダとも　いいます。

パンダは　もともと、中国《ちゅうごく》に　すんで　いるどうぶつです。目《め》の　まわりと、耳《みみ》と、かたからまえ足《あし》に　かけての　ぶぶんと、うしろ足《あし》が　くろく、ほかの　ぶぶんは　白《しろ》いです。竹《たけ》や　たけのこなどを　たべます。

野生《やせい》の　パンダは　かずが　すくないので、一《いっ》頭《とう》も　いなく　なって　しまう　ことが　しんぱいされて　います。そのため、中国《ちゅうごく》には、パンダ

❶ パンダは　もともと、どこに　すんで　いる　どうぶつですか。

（　　　　）

❷ パンダの　からだで、くろいのは　どの　ぶぶんですか。二《ふた》つに　○を　つけましょう。

ア　目《め》の　まわり。
イ　おなか
ウ　まえ足《あし》
エ　しっぽ

読《よ》んだ日《ひ》　月《がつ》　日《にち》

を　まもる　ための　ばしょが　いくつも　あります。そこでは、人間《にんげん》が　パンダの　かっこうを　して、パンダを　そだてて　います。こう　すると、人《ひと》の　手《て》で　そだてられた　パンダでも、野《や》生《せい》に　かえりやすく　なるのです。

❸ パンダは、竹《たけ》の　ほかに、なにを　たべますか。

（　　　　　　）

❹ 正《ただ》しい　文《ぶん》は　どれですか。一《ひと》つに　○を　つけましょう。

ア　むかしは、いまほど　パンダの　人気《にんき》は　なかった。

イ　パンダは、ジャイアントパンダとも　いう。

ウ　野《や》生《せい》の　パンダは　たくさん　いるので、いなく　なる　しんぱいは　ない。

9

中国《ちゅうごく》② 本場《ほんば》の ギョーザって？

ギョーザは、中国《ちゅうごく》から　きた　たべものです。ギョーザを　つくるには、まず、小麦《こむぎ》こと　水《みず》を　つこねて　うすく　のばした　かわで、あんを　つつみます。これを　やいた　ものが　やきギョーザで、むした　ものが　むしギョーザ、ゆでた　ものが　水《すい》ギョーザ、あげた　ものが　あげギョーザです。

　ギョーザの　中《なか》の　あんと　いうのは、あんこの　ことでは　ありませ

❶ ギョーザは、どこから　きた　たべものですか。

（　　　　　）

❷ かわで　あんを　つつんだ　ものを　ゆでた　ギョーザは、なんと　いいますか。一《ひと》つに　○を　つけましょう。

ア　やきギョーザ

イ　むしギョーザ

ウ　水《すい》ギョーザ

エ　あげギョーザ

読《よ》んだ日《ひ》　月《がつ》　日《にち》

ん。ひきにくと　こまかく　きざんだ　やさいを
まぜた　ものです。つかう　やさいは、キャベツ、
白《はく》さい、にら、ながねぎ、にんにくなどです。つ
くる　人《ひと》に　よって、ほかにも　いろいろな　も
のが　ギョーザの　あんの　ざいりょうに　なり
ます。
日本《にほん》では、ギョーザと　いえば、まず　やき
ギョーザを　おもいうかべる　人《ひと》が　おおいと
おもいます。ところが、ギョーザが　生《う》まれた
中国《ちゅうごく》では、やきギョーザは　あまり　たべられて
いないそうです。

❸ ギョーザの　中《なか》の　あんは、
きざんだ　やさいと、なにを
まぜた　ものですか。

（　　　）

❹ ギョーザの　中《なか》の　あんに
つかう　やさいは、なんです
か。キャベツ、白《はく》さい、にん
にくの　ほかに、二《ふた》つ　かき
ましょう。

（　　　）（　　　）

10

中国《ちゅうごく》③ 天《てん》じくへの たびの ものがたり

「さいゆうき」と いう 中国《ちゅうごく》の むかしの おはなしは、日本《にほん》でも ゆう名《めい》で、人気《にんき》が あります。テレビドラマや えいが、まんがや アニメにも なって いますが、もともとは とても ながい ものがたりです。

この ものがたりには、そんごくうと いう さるの ようかいが 出《で》て きます。そんごくうは 天《てん》の せかいを さわがせたので、ばつとして、五百年《ごひゃくねん》もの あいだ、山《やま》の 下《した》じきに なります。その あと、そんごくうは、天《てん》じく(インド)へ たびする さんぞうほうしと いう おぼうさんの おともに なります。ぶたの ようかいの ちょはっかい、かっぱの ようかいの さ

読《よ》んだ日《ひ》　月《がつ》　日《にち》

❶ 「さいゆうき」は、もともとは なんですか。一《ひと》つに ○を つけましょう。

ア テレビドラマ

イ まんが

ウ ものがたり

❷ 「さいゆうき」に 出《で》て くる さるの ようかいの 名《な》まえは なんですか。

（　　　　）

❸ ちょはっかいは、なんの ようかいですか。

ごじょうも、天《てん》の　せかいでの　つみを　つぐなう　ため、さんぞうほうしの　おともに　なります。

四人《よにん》は、たびの　とちゅうで、いろいろ　たいへんな　ことに　出《で》あいました。でも、力《ちから》を　あわせて、それらを　のりこえて　いきます。

そして、くろうの　すえ、四人《よにん》は　ついに、天《てん》じくに　いくと　いう　たびの　目《もく》てきを　はたしたのです。

❹ ちょはっかいと　さごじょうが　さんぞうほうしの　おともに　なったのは、なぜですか。どちらかに　○を　つけましょう。

（　）ア　つみを　つぐなう　ため。

（　）イ　天《てん》じくに　かえる　ため。

❺ 天《てん》じくに　ついたのは、そんごくうと、ちょはっかいと、さんぞうほうしと、もう一人《ひとり》は　だれですか。

（　　　　）

11

モンゴル

土《ど》ひょうの ない すもう

みなさんは、すもうを しって いますか。円《まる》い 土《ど》ひょうの 上《うえ》で、まわし と いう ふんどし 一《ひと》つ に なった おすもうさん が、がっぷり くみあって たたかう スポーツです。足《あし》の うら いがいの からだが 土《つち》に ついたり、土《ど》ひょうの そとに からだが 出《で》たり したら、まけに なります。はだかで たたかうのは、なにも ぶきを もたず、正《せい》せいどうどうと たたかう ことを あらわして います。すもうは、大《おお》むかしから、日本《にほん》人《じん》に したしまれて いる スポーツです。

❶ 日本《にほん》の すもうで、おすもうさんが つける ふんどしを、なんと いいますか。

（　　　　）

❷ 日本《にほん》の すもうで まけに なる ほうに、○を つけましょう。

ア 足《あし》の うらが 土《つち》に ついた とき。

イ からだが 土《ど》ひょうの そとに 出《で》た とき。

読《よ》んだ日《ひ》　月《がつ》　日《にち》

モンゴルにも、すもうが　あります。モンゴルの　すもうは、くにを　だいひょうする　スポーツです。せん手《しゅ》は、ながそでの　上《うわ》ぎと　パンツ、ブーツを　つけて　たたかいます。土《ど》ひょうは　なく、あたま、ひじ、せなかなどが　じめんに　つくと、まけに　なります。せん手《しゅ》は、しあいの　まえと、かった　ときに、たかが　はばたく　すがたを　まねた「たかの　まい」を　おどります。

さいきんでは、日本《にほん》の　おすもうさんにも、モンゴルの　人《ひと》が　ふえて　いて、よこづなや　大《おお》ぜきなどに　なる　人《ひと》も　います。

❸ モンゴルの　すもうで、せん手《しゅ》は、ながそでの　上《うわ》ぎ、パンツの　ほかに、なにを　つけて　たたかいますか。

（　　　　）

❹ モンゴルの　すもうで、せん手《しゅ》は　なにを　おどりますか。（　）に　あう　ことばを　かきましょう。

・（　　　　）が　はばたく　すがたの、「たかの（　　　　）」。

12

インドネシア①
わにみたいな とかげ

せかいで いちばん 大《おお》きな とかげは、どのくらいの 大《おお》きさだと おもいますか。

インドネシアに いる コモドドラゴンと いう とかげが、せかい一《いち》 大《おお》きな とかげです。コモドオオトカゲとも いいます。コモドドラゴンは、二《に》メートルから 三《さん》メートルほどの 大《おお》きさに そだちます。インドネシアには、一万三千《いちまんさんぜん》ほどの しまが あります。コモドドラゴンは、名《な》まえの もとに なった コモドとうと、その ちかくの 三《みっ》つの しまだけに すんで います。

コモドドラゴンは、すがたが すこし わにに にて います。「りくの わに」と よばれる ことも あります。大《おお》きい 口《くち》を して いて、

❶ なにに ついて かいた 文《ぶん》しょうですか。一《ひと》つに ○を つけましょう。

ア せかい一《いち》の 大《おお》きさの とかげ。

イ インドネシアの 虫《むし》。

ウ せかい一《いち》 大《おお》きな わに。

❷ せかい一《いち》 大《おお》きな とかげ の よび名《な》を、二《ふた》つ かきましょう。

読《よ》んだ日《ひ》 月《がつ》 日《にち》

かむ　力《ちから》が　つよいです。また、するどい　つめを　もって　います。虫《むし》などを　たべる　ほか、しかや　いのししなどの　大《おお》きい　どうぶつも、つかまえて　たべて　しまいます。

3 コモドドラゴンは、なんと　よばれる　ことが　ありますか。（　）に　あう　ことばを　かきましょう。

・「（　　　　）の　わに」

4 正《ただ》しい　文《ぶん》を　一《ひと》つ　えらんで、○を　つけましょう。

ア　コモドドラゴンは、インドネシアの　すべての　しまに　すんで　いる。

イ　コモドドラゴンの　口《くち》は、大《おお》きい。

ウ　コモドドラゴンは、花《はな》などの　しょくぶつを　たべる。

13

インドネシア②
よにも めずらしい 花《はな》

インドネシアには、せかいで いちばん 大《おお》きな とかげも いますが、いちばん 大《おお》きな 花《はな》も さきます。

それは、ラフレシアと いう 花《はな》です。ラフレシアは、インドネシアの、スマトラとうや ジャワとうと いう しまじまに さきます。

ラフレシアは、ほかの しょくぶつの ねっこに くっつい

読《よ》んだ日《ひ》　月《がつ》　日《にち》

❶ せかいで いちばん 大《おお》きな 花《はな》は、なんですか。

（　　　）

❷ ラフレシアは、なんと いう しまに さきますか。二《ふた》つ かきましょう。

（　　　）とう

（　　　）とう

て、そこから　えいようを　かってに　もらいます。はっぱが　なく、くろっぽい　オレンジいろの　花《はな》しか　見《み》えません。あつぼったい　五《ご》まいの　花《はな》びらが　あります。さいた　ときは、一《いち》メートルより　大《おお》きく　なります。
ラフレシアの　花《はな》は、一年《いちねん》の　うち、数日《すうじつ》の　あいだしか　さいて　いません。花《はな》からは、とても　くさい　においが　します。ラフレシアは、はえに　花《か》ふんを　はこんで　もらいます。はえを　おびきよせる　ために、くさい　においを　出《だ》して　いると　かんがえられて　います。

❸ ラフレシアの　花《はな》びらは、なんまいですか。

・（　　）まい

❹ ラフレシアに　ついて、正《ただ》しい　文《ぶん》は　どれですか。一《ひと》つに　○を　つけましょう。

ア　ラフレシアは、ほかの　しょくぶつに　くっつかれ、えいようを　とられる。

イ　ラフレシアの　花《はな》は、白《しろ》っぽい　いろだ。

ウ　ラフレシアの　花《はな》は、一《いち》年中《ねんじゅう》　さいて　いる。

エ　ラフレシアの　花《はな》は、とても　くさい。

シンガポール もう一《ひと》つの じゃんけん

じゃんけんを する とき、わたしたちは グーか チョキか パーを 出《だ》します。グーは 石《いし》を あらわし、チョキは はさみを あらわし、パーは かみを あらわして いますね。石《いし》は はさみでは きれないので、グーは チョキに かちます。はさみは かみを きる ことが できるので、チョキは パーに かちます。かみは 石《いし》を つつむ ことが できるので、パーは グーに かちます。

せかいの たくさんの くにに、じゃんけんが

❶ じゃんけんで、チョキは なにを あらわして いますか。

（　　　）

❷ じゃんけんで、パーが グーに かつのは なぜですか。（　）に あう ことばを かきましょう。

・パーが あらわして いる （　　　）は、（　　　）を つつめる ので。

読《よ》んだ日《ひ》　月《がつ》　日《にち》

あります。たとえば、シンガポールの　じゃんけんは、二《ふた》とおり　あります。一《ひと》つは、日本《にほん》と　おなじ、石《いし》と　はさみと　かみを　あらわす　手《て》のかたちで　する　じゃんけんです。

もう　一《ひと》つは、石《いし》と　とりと　水《みず》を　あらわす　手《て》のかたちで　する　じゃんけんです。石《いし》は　手《て》を　にぎったかたち、とりは　ゆび先《さき》をあわせた　かたち、水《みず》は　手《て》を　ひらいた　かたちです。

石《いし》は　とりに　かち、とりは　水《みず》に　かち、水《みず》は　石《いし》に　かちます。

❸ 日本《にほん》とは　ちがう　シンガポールの　じゃんけんは、石《いし》の　ほかに、なにと　なにが　ありますか。二《ふた》つ　かきましょう。

（　　　　）（　　　　）

❹ 正《ただ》しい　ほうの　文《ぶん》に、○を　つけましょう。

ア　じゃんけんが　あるのは、日本《にほん》と　シンガポールだけだ。

イ　シンガポールの　じゃんけんで、水《みず》は　石《いし》に　かつ。

15

イギリス①　サッカーが　生《う》まれた　くに

せかいで　いちばん　人気《にんき》が　あると　いわれて　いる　スポーツは、なんだと　おもいますか。それは、サッカーです。サッカーは、せかい中《じゅう》の　ほとんどの　くにで　おこなわれて　います。いろいろな　どうぐを　よういしないと　いけない　スポーツも　ありますが、サッカーは、ボールが　一《ひと》つ　あれば、どこででも　できます。ゴールが　なくても、すくない　人数《にんずう》でも、れんしゅうなら　できるのです。しあいを　する　ときの　人数《にんずう》は、一《ひと》チーム　十一人《じゅういちにん》です。

そんな　サッカーは、イギリスで　生《う》まれました。むかしから　いろいろな　スポーツが　さかんだった　イギリスでは、ほかにも、みなさんが

読《よ》んだ日《ひ》　月《がつ》　日《にち》

❶ せかいで　いちばん　人気《にんき》が　あると　いわれて　いる　スポーツは、なんですか。

（　　　　）

❷ サッカーの　しあいは、一《ひと》チーム　何人《なんにん》で　おこないますか。

・（　　　　）人《にん》

❸ サッカーは、どこの　くにで　生《う》まれた　スポーツですか。

しって いる スポーツが 生《う》まれました。たとえば、ゴルフも、テニスも、ラグビーも、イギリスで 生《う》まれました。アメリカ生《う》まれの やきゅうも、もとに なったのは、イギリスで おこなわれて いた あそびです。

❹ 文《ぶん》しょうに かかれて いる ことに 合《あ》わない 文《ぶん》は どれですか。一《ひと》つに ○を つけましょう。

（　　）

ア サッカーは、ほとんどの くにで おこなわれて いる スポーツだ。

イ サッカーは、ボールが 一《ひと》つ あれば れんしゅうが できる。

ウ ゴルフは、アメリカで 生《う》まれた スポーツだ。

エ ラグビーは、イギリスで 生《う》まれた スポーツだ。

16

イギリス②
むかしの 地下《ちか》てつって？

みなさんは、地下《ちか》てつに のった ことが ありますか。地下《ちか》てつは、じめんの 下《した》に ほられた トンネルの 中《なか》を はしる でん車《しゃ》です。

せかいで はじめて 地下《ちか》てつが できたのは、イギリスの ロンドンでした。いまから 百《ひゃく》五《ご》十《じゅう》年《ねん》ほど まえの ことです。

地上《ちじょう》を、たくさんの 車《くるま》が はしるように なって、だんだんと でん車《しゃ》が はしりにくく なって きたので、地下《ちか》に てつどうを はしらせる ことに したのです。

でも、この ときの 地下《ちか》てつに つかわれた でん車《しゃ》は、じょう気《き》きかん車《しゃ》でした。じょう気《き》かん車《しゃ》は、石《せき》たんを もやして はしるので、え

❶ 地下《ちか》てつは、どこを はしって いますか。（　）に あう ことばを かきましょう。

・（　　　）の 下《した》の、（　　　）の 中《なか》。

❷ 地下《ちか》てつが はじめて できたのは、イギリスの どこですか。

（　　　）

読《よ》んだ日《ひ》　月《がつ》　日《にち》

んとつから　もくもくと　けむりが　出《で》ます。トンネルの中《なか》が　けむりで　いっぱいになり、まえも　見《み》えないし、まども　あけられません。

そこで、トンネルに、けむりを　そとに　出《だ》す　ための　あなを　あけました。地下《ちか》てつの　うんてん手《しゅ》は、あなの　ない　ところでは、なるべく　けむりを　出《だ》さないように　気《き》を　つけながら　はしったと　いうことです。

❸ じょう気《き》きかん車《しゃ》は、なにを　もやして　はしりますか。

（　　　　　　　　）

❹ 正《ただ》しい　ほうの　文《ぶん》に、○を　つけましょう。

ア 地上《ちじょう》を　たくさんの　車《くるま》が　はしるように　なったので、地下《ちか》に　てつどうがつくられた。

イ トンネルが　けむりで　いっぱいに　なると、まどを　あけて　けむりを　車《しゃ》内《ない》に　入《い》れた。

17

フランス①

フランス生《う》まれの　おかし

みなさん、シュークリームと　いう　おかしを　しって　いますか。小麦《こむぎ》こに　たまごと　バターを　まぜ、やいて　ふくらませた　さくさくの　かわの　中《なか》に、たっぷり　クリームを　入《い》れた　おかしです。ケーキやさんだけで　なく、スーパーマーケットなどでも　見《み》かけます。

シュークリームは、フランスで　生《う》まれた　おかしです。フランスの　ことばでは、「シュー・ア・ラ・クレーム」と　いいます。「シュー」と　いうのは、キャベツの　ことです。つまり、キャベツの　ように　まるい　かたちを　した　かわの　中《なか》に、いっぱい　クリームを　入《い》れた　おかしと　いう　ことです。

❶ シュークリームの　かわは、小麦《こむぎ》こに　なにと　なにを　まぜて　つくりますか。

（　　　　　　）（　　　　　　）

❷ シュークリームの　かわの　ようすを　あらわして　いる　ことばは、どれですか。一《ひと》つに　○を　つけましょう。

ア　さくさく

イ　たっぷり

ウ　ほそながい

読《よ》んだ日《ひ》　月《がつ》　日《にち》

キャベツの　かたちでは　なく、かわを　ほそながく　やいて、その　中《なか》に　クリームを　入《い》れ、かわの　上《うえ》から　チョコレートを　かけた　ものは、エクレアと　いいます。

日本《にほん》で　はじめての　シュークリームは、百五十年《ひゃくごじゅうねん》ほど　まえ、とうきょうの　おかしやさんが　つくりだし、とても　ひょうばんに　なったそうです。

❸ シュークリームは、なんの　かたちを　して　いますか。四字《よじ》で　かきましょう。

❹ エクレアの　かわの　上《うえ》に　かかって　いる　ものは、なんですか。

（　　　）

❺ 日本《にほん》では、どこの　おかしやさんが、はじめて　シュークリームを　つくりましたか。

（　　　）

18

フランス②
チーズの　あれこれ

スーパーマーケットなどの　チーズうりばには、いろいろな　かたちや　あじの　チーズが　ありますね。そのまま　たべたり、ピザや　グラタンには　とろける　タイプの　チーズを　つかったり、クリームのような　チーズを　パンに　ぬったりも　します。チーズは、うしなどの　おちちから　つくられます。

ヨーロッパは、チーズの　本場《ほんば》です。なかでもフランスは、「一《ひと》つの　村《むら》に　一《ひと》つの　チーズがある」と　いわれるほど、つくられて　いるチーズの　しゅるいが　おおい　くにです。つくって　いる　ばしょの　地名《ちめい》が、チーズの　名《な》まえに　なった　ものも　たくさん　あります。

❶ ピザや　グラタンに　つかうのは、どんな　チーズですか。（　）に　あう　ことばを　かきましょう。

・（　　　　）タイプの　チーズ。

❷ フランスで　つくられるチーズの　しゅるいが　おおい　ことを　あらわして　いる　ことばは、なんですか。（　）に　あう　ことばを　かきましょう。

読《よ》んだ日《ひ》　月《がつ》　日《にち》

カマンベールと　いう　チーズは、フランスの　カマンベールと　いう　ところで　つくられて　います。ひょうめんが　白《しろ》く、中《なか》は　やわらかい　チーズです。

フランスの　人《ひと》たちは、チーズを　たくさん　たべます。フランスの　人《ひと》に　とって、チーズは　かかせない　もののようです。

・「一《ひと》つの（　　　）に
一《ひと》つの（　　　）が　ある」

❸ フランスの　人《ひと》に　とって、チーズは　どんな　ものですか。どちらかに　○を　つけましょう。

ア　ひつような　もの。

イ　なくても　よい　もの。

19

ドイツ
グリムどうわ

みなさんは、どんな　どうわが　すきですか。日本《にほん》の　どうわの　ほか、がいこくが　ぶたいの　どうわも　たくさん　あります。じぶんで　よんだ　ことの　ある　どうわの　ほかにも、だれかに　よんで　もらった　どうわも　あるでしょう。

二百年《にひゃくねん》ほど　まえに、ドイツの　グリムきょうだいが　まとめた「グリムどうわ」と　いうどうわしゅうが　あります。グリムきょうだいは、ヨーロッパの　いろいろな　むかしばなしを　あつめて、「グリムどうわ」を　出《だ》しました。

「グリムどうわ」の　中《なか》には、日本《にほん》でも　よくしられて　いる　おはなしが、たくさん　ありますよ。たとえば「白雪《しらゆき》ひめ」、「赤《あか》ずきん」、「ブ

読《よ》んだ日《ひ》　月《がつ》　日《にち》

❶「グリムどうわ」は、どんな　どうわしゅうですか。（　）に　あう　ことばを　かきましょう。

・二百年《にひゃくねん》ほど　まえに、（　　　　）の　グリムきょうだいが　あつめた、（　　　　）の　むかしばなし。

❷「グリムどうわ」の　おはなしの　名《な》まえに　なるように、（　）に　あう　ことばを　かきましょう。

レーメンの　音楽《おんがく》たい」、「ヘンゼルと　グレーテル」、「おおかみと　七《しち》ひきの　子《こ》やぎ」などが、「グリムどうわ」の　おはなしです。

グリムきょうだいは、おにいさんの　ヤーコプも、おとうとの　ウィルヘルムも、ことばに　ついての　学《がく》しゃでした。二人《ふたり》は、それまで　つたわって　きた　ぶんかを　みらいへと　のこす　ために、「グリムどうわ」を　まとめたのです。

・「白雪《しらゆき》（　　　　）」

・「（　　　　）の　音楽《おんがく》たい」

・「（　　　　）と　七《しち》ひきの　子《こ》やぎ」

❸ グリムきょうだいが「グリムどうわ」を　まとめた　りゆうが　わかる　文《ぶん》を　さがして、はじめの　三字《さんじ》を　かきましょう。

20

デンマーク

アンデルセンと　人魚《にんぎょ》ひめ

「人魚《にんぎょ》ひめ」と　いう　どうわを　しって　いますか。アンデルセンと　いう　さっかが　かいた　おはなしです。アンデルセンは、二百年《にひゃくねん》ほどまえに、デンマークで　生《う》まれました。アンデルセンは、「みにくい　アヒルの　子《こ》」や　「おやゆびひめ」、「マッチうりの　少女《しょうじょ》」なども　かきました。

「人魚《にんぎょ》ひめ」は、こんな　おはなしです。うみに　すんで　いた　人魚《にんぎょ》ひめは、ある　日《ひ》、ふねから　おちて　うみで　おぼれた　人間《にんげん》の　王子《おうじ》さまを　たすけます。王子《おうじ》さ

読《よ》んだ日《ひ》　月《がつ》　日《にち》

❶「人魚《にんぎょ》ひめ」を　かいたのは、だれですか。

（　　　　）

❷人魚《にんぎょ》ひめは、なにと　ひきかえに、人間《にんげん》の　すがたになりましたか。（　）に　あう　ことばを　かきましょう。

・じぶんの

（　　　　）

こえ。

まを　すきに　なった　人魚《にんぎょ》ひめは、じぶんの　うつくしい　こえと　ひきかえに、人間《にんげん》の　すがたに　なって、王子《おうじ》さまの　そばに　いく　ことが　できました。でも、人魚《にんぎょ》ひめは　こえを　出《だ》す　ことが　できないので、じぶんの　気《き》もちを　つたえられません。王子《おうじ》さまは、べつの　人《ひと》と　けっこんして　しまい、人魚《にんぎょ》ひめは　うみの　あわと　なって　きえて　しまいました。

　そんな　人魚《にんぎょ》ひめの　どうぞうが、デンマークの　コペンハーゲンに　あります。

❸ 人魚《にんぎょ》ひめは、なにに　なって　きえましたか。（　）に　あう　ことばを　かきましょう。

・うみの（　　　　　）。

❹ 人魚《にんぎょ》ひめの　どうぞうは、デンマークの　どこに　ありますか。

（　　　　　）

21

ギリシャ オリンピックの はじまり

オリンピックは、四年《よねん》に 一《いち》ど、せかい中《じゅう》のくにから せん手《しゅ》が あつまって ひらかれる、スポーツの 大会《たいかい》です。

オリンピックは、二千八百年《にせんはっぴゃくねん》ほど まえ、ギリシャの オリンピアと いう ところで、かみさまを まつる おまつりと して ひらかれました。はじめは、はしる きょうぎだけでした。それから だんだんと、ちかくの 村《むら》からも せん手《しゅ》や見《けん》ぶつ人《にん》が あつまるように なって、きょうぎも ふえて いきました。みんなが、あんしんして きょ

読《よ》んだ日《ひ》　月《がつ》　日《にち》

❶ オリンピックは、何年《なんねん》に 一《いち》ど ひらかれますか。

・（　　）年《ねん》に 一《いち》ど。

❷ 二千八百年《にせんはっぴゃくねん》ほど まえの オリンピックは、ギリシャの どこで ひらかれましたか。

（　　）

❸ ながい あいだ オリンピックが ひらかれなかったのは、なぜですか。一《ひと》つに ○を つけましょう。

うぎや　見《けん》ぶつが　できるように、オリンピック
の　あいだは、せんそうを　しない　きまりでし
た。
ギリシャでは、かみさまを　まつる　ことが
きんしに　なって、ながい　あいだ　オリンピッ
クは　ひらかれなく　なりました。しかし、百年《ひゃくねん》
ほど　まえに、フランスの　クーベルタンと　い
う　人《ひと》が、せかい中《じゅう》に　よびかけて、また、オリ
ンピックが　はじまる　ことに　なりました。せ
かい中《じゅう》の　人《ひと》が　あつまって、いっしょに　ス
ポーツを　すれば、くにと　くにも　なかよく
できると　おもったからです。その　だい一回目《いっかいめ》
の　大会《たいかい》は、ギリシャの　アテネで　おこなわれ
ました。

ア　はしる　きょうぎしか
なくて、人気《にんき》が　なくなっ
たから。
イ　せんそうばかり　して
いたから。
ウ　かみさまを　まつる　こ
とが、きんしに　なって
いたから。

❹　クーベルタンの　よびかけ
で　はじまった、オリンピッ
クの　だい一回目《いっかいめ》の　大会《たいかい》は、
ギリシャの　どこで　おこな
われましたか。

（　　　　　　　　）

22

ノルウェー　ゆきの 上《うえ》の スポーツ

スキーを した ことは ありますか。スキーは、ふゆの スポーツの だいひょうです。

「スキー」と いう ことばは、「わられた 木《き》」と いう いみの、ふるい ノルウェー語《ご》です。

ゆきの 上《うえ》を すべったり、あるいたり するのに つかう どうぐを、スキーいたと いいます。スキーいたは ほそながい かたちです。左《さ》右《ゆう》で 一組《ひとく》みに なって いる スキーいたを りょう足《あし》に つけ、ストックと いう つえを

❶ スキーいたは、どんな かたちですか。（　）に あう ことばを かきましょう。

・（　　　　）かたち。

❷ スキーを する ときに りょう手《て》に もつ つえを、なんと いいますか。

（　　　　）

❸ ノルウェーは、どこに ちかい くにですか。

読《よ》んだ日《ひ》　月《がつ》　日《にち》

りょう手《て》に　もって、ゆきの　上《うえ》を　すべります。北《きた》ヨーロッパでは、大《おお》むかしから、ゆき山《やま》へ　かりを　しに　いく　とき、スキーいたを　つかって　いたと　いわれて　います。

北《きた》ヨーロッパに　ある　ノルウェーは、ほっきょくに　ちかく、ふゆは　とても　さむくて、ゆきが　たくさん　ふります。また、けわしい山《やま》が　おおい　ことでも　ゆう名《めい》です。だから、むかしから　ゆき山《やま》での　いどうに、スキーいたが　かつやくしたのです。

スポーツと　しての　スキーは、ノルウェーで、百五十年《ひゃくごじゅうねん》ほど　まえから　たのしまれるようになりました。いまでは、ふゆの　オリンピックの人気《にんき》きょうぎに　なって　います。

④ ノルウェーで　むかしから　スキーいたが　かつやくしたのは、なぜですか。（　）に　あう　ことばを　かきましょう。

（　　　　）

・ふゆは　さむくて、（　　　　）が　たくさん　ふるから。

・（　　　　）山《やま》が　おおいから。

23

スウェーデン

ノーベルが　のこした　しょう

「ノーベルしょう」と　いう　しょうの　名《な》まえを　きいた　ことは　ありますか。ノーベルというのは、二百年《にひゃくねん》ちかく　まえに　スウェーデンで　生《う》まれた　人《ひと》の　名《な》まえです。

ノーベルは　いろいろな　ものを　はつめいしました。とくに　ゆう名《めい》な　はつめいが、ダイナマイトです。ダイナマイトとは、土木《どぼく》こうじなどに　つかう、とても　大《おお》きな　ばくはつ力《りょく》をもった　火《か》やくの　ことです。

この　はつめいに　よって、ノーベルは　たいへんな　大金《おおがね》もちに　なりました。しかし、ダイナマイトは　せんそうでも　つかわれて、おおくの　人《ひと》の　いのちを　うばう　ことに　なりまし

読《よ》んだ日《ひ》　月《がつ》　日《にち》

❶ ノーベルに　ついて、正《ただ》しい　文《ぶん》は　どれですか。一《ひと》つに　○を　つけましょう。

ア　はじめて　ノーベルしょうを　もらった　人《ひと》。

イ　二百年《にひゃくねん》ちかく　まえに、ノルウェーで　生《う》まれた　人《ひと》。

ウ　いろいろな　ものを　はつめいした　人《ひと》。

❷ ノーベルが　はつめいした　ものの　なかで、とくに　ゆう名《めい》な　ものは　なんですか。

た。その　ことを　ノーベルは　とても　かなしみ、なくなる　一年《いちねん》まえに、ある　ことばを　のこしました。せかいの　人《ひと》たちが　もっと　しあわせに　なるように　力《ちから》を　つくした　人《ひと》に　あたえる　しょうを　つくると　いう　ことばです。

こうして、ノーベルしょうが　できました。

いまでは、毎年《まいとし》、六《むっ》つの　しょうの　うち、五《いつ》つの　しょうの　じゅしょうしきが　スウェーデンで　おこなわれます。ノーベル　へいわしょうだけは、おとなりの　くに、ノルウェーで、じゅしょうしきが　おこなわれます。

（　　）

❸ ノーベルが　のこした　ことばに　ついて　わかる　文《ぶん》を　さがして、はじめの　四《よ》字《じ》を　かきましょう。

□□□□

❹ ノルウェーでは、なんと　いう　しょうの　じゅしょうしきが　おこなわれますか。

・ノーベル（　　）しょう

24

フィンランド
サンタクロースの 村《むら》

クリスマスが ちかく なると、サンタクロースからの プレゼントが まちどおしくて、そわそわした 気《き》もちに なる 人《ひと》も おおいのではないでしょうか。

フィンランドは、ほっきょくに ちかく、とても さむい くにです。なつに なると、よるになっても たいようが かんぜんには しずまず、うすぐらい ままです。また、空《そら》には、カーテンのように ゆらめく、オーロラと いう ふしぎな ひかりが 見《み》られます。

フィンランドには、森《もり》が たくさん あって、そこには トナカイが すんで います。じつは、この くにには、サンタクロースの 村《むら》も ある

❶ フィンランドで、よるに なっても たいようが かんぜんには しずまないのは、どの きせつですか。

（　　　）

❷ フィンランドの 空《そら》に 見《み》られる、カーテンのように ゆらめく ふしぎな ひかりは なんですか。四字《よじ》で かきましょう。

□□□□

読《よ》んだ日《ひ》　月《がつ》　日《にち》

のです。この　村《むら》に　いけば、いつでも　サンタクロースに　あう　ことが　できます。毎年《まいとし》　せかい中《じゅう》から、サンタクロースに　あいたいと　いう　たくさんの　人《ひと》が　やって　きます。そして、サンタクロース村《むら》の　ゆうびんきょくに　もうしこみを　して　おくと、クリスマスに　サンタクロースから　手紙《てがみ》が　とどきますよ。

❸ フィンランドに　たくさん　ある　森《もり》には、なにが　すんで　いますか。

（　　　　　　）

❹ クリスマスに、サンタクロースからの　手紙《てがみ》を　うけとる　ためには、サンタクロース村《むら》の　どこに、もうしこみを　しますか。

（　　　　　　）

25 タンザニア
サバンナの　野生《やせい》どうぶつ

タンザニアは、アフリカに　ある、しぜんが　ゆたかな　くにです。キリマンジャロと　いう、アフリカで　いちばん　たかい　山《やま》や、ビクトリア湖《こ》と　いう、アフリカで　いちばん　大《おお》きな　みずうみも　あります。ビクトリア湖《こ》の　まわりには、サバンナと　よばれる　大《おお》きな　草原《そうげん》が　ひろがって　います。そこには、ライオンや　ひょう、ぞう、さいなどの　野《や》生《せい》どうぶつが　たくさん　いま　す。なかでも、ヌーと　いう　うしに　にた　どうぶつは、何《なん》十万頭《じゅうまんとう》もの　むれを　つくり、

読《よ》んだ日《ひ》　月《がつ》　日《にち》

❶ アフリカで　いちばん　たかい　山《やま》を、なんと　いいますか。

（　　　　）

❷ ビクトリア湖《こ》の　まわりに　ひろがって　いる　大《おお》きな　草原《そうげん》を、なんと　いいますか。四字《よじ》で　かきましょう。

□□□□

❸ ヌーは、なにに　にた　どうぶつですか。

えさの　おおい　ばしょを　さがして、サバンナを　いどうする　ことで　ゆう名《めい》です。

　むかし、人間《にんげん》が　かりを　した　ことも　あって、サバンナに　すむ　どうぶつの　かずは、とても　すくなく　なって　しまいました。

　そこで、タンザニアでは、サバンナの　一《いち》ぶを、しぜんこうえんに　する　ことに　しました。しぜんこうえんの　中《なか》では、人間《にんげん》が　かってに　どうぶつを　つかまえたり、かりを　したり　する　ことが　きんしされて　います。その　おかげで、どうぶつたちは、のびのびと　あんしんして　くらす　ことが　でき、だんだんと　かずが　ふえて　きました。

❹ タンザニアの　サバンナの　一《いち》ぶは、なにに　なって　いますか。

（　　　　）

❺ 正《ただ》しい　ほうの　文《ぶん》に、○を　つけましょう。

ア　サバンナの　どうぶつの　かずは、むかしから　どんどん　ふえて　いる。

（　　　　）

イ　サバンナの　どうぶつの　かずは、一《いち》ど　へったが、いまは　ふえて　きた。

26

オーストラリア①

コアラが のんびりな わけ

テレビや どうぶつえんで、コアラを 見《み》た ことは ありますか。だいたい いつも、じっと して います。なぜでしょう。

コアラは、もともと、オーストラリアだけに すんで いる どうぶつです。そして、一日《いちにち》の おおくの じかんを、ユーカリと いう 木《き》の 上《うえ》で すごして います。

コアラは、ユーカリの はっぱと めだけを たべる どうぶつです。ほかの どうぶつは、ユーカ

読《よ》んだ日《ひ》　月《がつ》　日《にち》

① コアラは、一日《いちにち》の おおくの じかんを、なんと いう 木《き》の 上《うえ》で すごしますか。四字《よじ》で かきましょう。

□□□□

② コアラは なにを たべますか。二《ふた》つに ○を つけましょう。

ア ユーカリの みき。
イ ユーカリの えだ。
ウ ユーカリの はっぱ。
エ ユーカリの め。
オ ユーカリの ねっこ。

りを　たべません。ユーカリには　どくが　あるし、はっぱの　あぶらは　ねばねばして　いるからです。ユーカリを　たべて　えいように　する　ことが　できるのは、コアラだけです。水分《すいぶん》も　ユーカリから　とります。

　コアラは、ユーカリだけを　たべるので、ユーカリの　木《き》の　上《うえ》に　いれば、たべものを　さがして　うごきまわる　ひつようが　ありません。また、ユーカリの　木《き》は　大《おお》きいので、上《うえ》に　いれば、てきに　おそわれる　ことも　ほとんど　なく、あんぜんです。だから　コアラは、ユーカリの　木《き》の　上《うえ》で、ながい　じかん、じっと　して　いる　ことが　できるのです。

❸ ユーカリの　はっぱの　あぶらは、どんな　ようすを　して　いますか。（　）に　あう　ことばを　かきましょう。

・（　　　　）して　いる。

❹ 正《ただ》しい　ほうの　文《ぶん》に、○を　つけましょう。

ア　たくさんの　どうぶつが、ユーカリを　たべて、えいように　する　ことが　できる。

イ　ユーカリの　木《き》の　上《うえ》に　いれば、コアラは　ほぼ　あんぜんに　すごせる。

27

オーストラリア②
カンガルーの　赤《あか》ちゃん

オーストラリアには、めずらしい　どうぶつが　たくさん　います。カンガルーも、その　一《ひと》つです。カンガルーは、めすの　おなかに　ふくろが　ある　どうぶつです。

人間《にんげん》や　ねこや　犬《いぬ》の　赤《あか》ちゃんは、おかあさんの　おなかの　中《なか》で、おやに　にた　すがたに　なるまで　そだってから　生《う》まれて　きます。でも、カンガルーは　ちがいます。カンガルーの　赤《あか》ちゃんは、二《に》センチメートルくらいの　大《おお》きさで　生《う》まれて　きます。その　ときの　おもさは　一円玉《いちえんだま》くらいしか　なくて、かたちは　おやに　まったく　にて　いません。まだ　けも　生《は》えて　いません。目《め》も　あいて　いませんが、じぶんの

1　カンガルーの　めすの　おなかには、なにが　ありますか。

（　　　　）

2　おやに　まったく　にて　いない　すがたで　生《う》まれて　くる　どうぶつは、どれですか。一《ひと》つに　○を　つけましょう。

ア　ねこ

イ　犬《いぬ》

ウ　カンガルー

読《よ》んだ日《ひ》　月《がつ》　日《にち》

力《ちから》で　おかあさんの　からだを　よじのぼって、ふくろの　中《なか》に　入《はい》ります。そこには　おっぱいが　四《よっ》つ　あり、赤《あか》ちゃんは　おちちを　のみはじめます。

　カンガルーの　赤《あか》ちゃんは、大《おお》きく　なるにつれて、ときどき　ふくろから　そとの　せかいを　のぞいたり、ふくろを　出《で》て、また　ふくろに　もどったり　するように　なります。ふくろの　中《なか》で　八《はち》か月《げつ》くらいの　あいだ　くらしたあと、もう、ふくろには　もどらなく　なるのです。

❸ 生《う》まれたばかりの　カンガルーの　赤《あか》ちゃんは、どのくらいの　おもさですか。

・（　　　　）くらい。

❹ 大《おお》きく　なって　いく　カンガルーの　赤《あか》ちゃんに　ついて、正《ただ》しい　文《ぶん》は　どれですか。一《ひと》つに　○を　つけましょう。

ア　ずっと　ふくろの　中《なか》に　入《はい》ったままだ。

イ　ときどき、ふくろから　そとを　のぞく。

ウ　一回《いっかい》　そとに　出《で》ると、ふくろには　もどらない。

28

ニュージーランド
人気《にんき》の ラグビーチーム

日本《にほん》で　サッカーや　やきゅうが　さかんなように　ニュージーランドでは、ラグビーと　いう　スポーツが　さかんです。ラグビーは、ほそながい　円《えん》の　かたちを　した　ボールを　つかいます。

　ニュージーランドには、くに中《じゅう》に　たくさんの　ラグビーチームが　あります。オールブラックスと　いう、くにの　だいひょうチームは、とても　つよくて、人気《にんき》が　あります。

　ラグビーでは、サッカーと　おなじように、四《よ》年《ねん》に　一《いち》ど、せかい中《じゅう》の　くにの　せん手《しゅ》が　あ

読《よ》んだ日《ひ》　月《がつ》　日《にち》

❶ ニュージーランドで　さかんな　スポーツは、なんですか。

（　　　　）

❷ ラグビーで　つかう　ボールは、どんな　かたちを　していますか。（　）に　あう　ことばを　かきましょう。

・（　　　　）円《えん》の　かたち。

つまって、ワールドカップが ひらかれます。オールブラックスは、そこで なんどか ゆうしょうした ことが あります。

また、オールブラックスは、しあいの まえに、「ハカ」と いう おどりを おどる ことでも ゆう名《めい》です。「ハカ」は、ニュージーランドの マオリぞくの 人《ひと》たちが、たたかいの ときなどに おどる おどりです。マオリぞくは、ゆうかんな ことで むかしから しられて います。オールブラックスの おどりも、あい手《て》チームと ゆうかんに たたかうと いう 気《き》もちを あらわして います。

❸ オールブラックスの しあいの まえの おどりは、どんな 気《き》もちを あらわして いますか。（　）に あう ことばを かきましょう。

・あい手《て》チームと

（　　　　）に

たたかうと いう 気《き》もち。

❹ 正《ただ》しい ほうの 文《ぶん》に、○を つけましょう。

ア オールブラックスは、サッカーの チームだ。

イ オールブラックスの おどりは、「ハカ」と いう。

答えとアドバイス

おうちの方へ
◎解き終わったら、できるだけ早めに答え合わせをしてあげましょう。
◎まちがった問題は、もう一度やり直させてください。

1 アメリカ① 4～5ページ

❶ アメリカ
❷ イギリス
❸ 三十
❹ イ

【アドバイス】
❷ イギリスで行われていた、野球のもとになったあそびは、ラウンダーズと呼ばれるものでした。

2 アメリカ② 6～7ページ

❶ ハンバーグ
❷ アメリカ
❸ パン
❹ ドイツ
❺ ウ

【アドバイス】
❹ ドイツのハンブルクの名物料理がもとであるという説があります。

3 アメリカ③ 8～9ページ

❶ にわ
❷ イ
❸ ジョージ・さくら
❹ 大とうりょう

【アドバイス】
❷ 「うっかりして」と書いてあることを確かめましょう。

4 カナダ 10～11ページ

❶ パンケーキ
❷ はちみつ
❸ サトウカエデ・しる
❹ イ

【アドバイス】
❸ サトウカエデはカエデ科の落葉高木です。漢字では「砂糖楓」と書きます。

5 ペルー 12～13ページ

❶ さばく
❷ はちどり
❸ イ・ウ

【アドバイス】

ナスカの地上絵は、近年になっても新たな発見が続いています。描いた人、目的、方法は、有力な説以外にもいろいろな説が存在します。

6 エクアドル　14～15ページ

❶ ア
❷ ぞうがめ
❸ イ
❹ ガラパゴスオットセイ
❺ しぜん

【アドバイス】ガラパゴス諸島は、十九世紀にダーウィンが訪れたことでも有名です。

7 日本　16～17ページ

❶ イ
❷ あぶらあげ
❸ 四百年
❹ イ

【アドバイス】
❷ あぶらあげは、「あぶらげ」や「あげ」などともいうことを教えてあげてください。

8 中国①　18～19ページ

❶ 中国
❷ ア・ウ
❸ たけのこ
❹ イ

【アドバイス】

「パンダ」という言葉はジャイアントパンダとレッサーパンダの総称ですが、一般的には前者のことを指します。

9 中国②　20～21ページ

❶ 中国
❷ ウ
❸ ひきにく
❹ にら・ながねぎ（順不同）

【アドバイス】
❸・❹ ほかにも、いろいろな具材を使うこともあることを、教えてあげてください。

10 中国③　22～23ページ

❶ ウ
❷ そんごくう
❸ ぶた
❹ ア
❺ さごじょう

【アドバイス】
『西遊記《さいゆうき》』の登場人物は、孫悟空《そんごくう》、三《さん》蔵法師《ぞうほうし》、猪八戒《ちょはっかい》、沙悟浄《さごじょう》です。

11 モンゴル　24～25ページ

❶ まわし
❷ イ
❸ ブーツ
❹ たか・まい

【アドバイス】
「モンゴル相撲」とは、日本の相撲に似た、モンゴルの伝統的な格闘技のことです。

12 インドネシア① 26〜27ページ

❶ ア
❷ コモドドラゴン・コモドオオトカゲ（順不同）
❸ りく
❹ イ

【アドバイス】
❹ コモドドラゴンは、三・五メートルにも達し、昆虫や動物を食べます。

13 インドネシア② 28〜29ページ

❶ ラフレシア
❷ スマトラ・ジャワ（順不同）
❸ 五
❹ エ

【アドバイス】
❹ 葉がないラフレシアには葉緑体がなく、光合成ができません。ブドウ科の植物の根に寄生する植物です。

14 シンガポール 30〜31ページ

❶ はさみ
❷ かみ・石
❸ とり・水（順不同）
❹ イ

【アドバイス】
❹ 「せかいの　たくさんの　くにに、じゃんけんが　あります」と書いています。

15 イギリス① 32〜33ページ

❶ サッカー
❷ 十一
❸ イギリス
❹ ウ

【アドバイス】
❶ サッカーのワールドカップは、オリンピックと同様、四年に一度開催されます。

16 イギリス② 34〜35ページ

❶ じめん・トンネル
❷ ロンドン
❸ 石たん
❹ ア

【アドバイス】

日本で初めての旅客用の地下鉄は、１９２７年に、東京の浅草〜上野間に開通しました。

17 フランス① 36〜37ページ

❶ たまご・バター（順不同）
❷ ア
❸ キャベツ
❹ チョコレート
❺ とうきょう

【アドバイス】
カヌレ、マドレーヌ、マカロンなども、フランス生まれのお菓子です。

18 フランス②
38〜39ページ

❶ とろける
❷ 村・チーズ
❸ ア

【アドバイス】
❸「かかせない もの」とは、「なくてはならない。必要である」という意味であることを教えてあげてください。

19 ドイツ
40〜41ページ

❶ ドイツ・ヨーロッパ
❷ ひめ・ブレーメン・おおかみ
❸ 二人は

【アドバイス】

ほかにも、「ラプンツェル」、「シンデレラ」、「いばら姫」などが、「グリム童話」に収録されています。

20 デンマーク
42〜43ページ

❶ アンデルセン
❷ うつくしい
❸ あわ
❹ コペンハーゲン

【アドバイス】

観光名所にもなっている人魚姫の像は、約百年前に公開されました。

21 ギリシャ
44〜45ページ

❶ 四
❷ オリンピア
❸ ウ
❹ アテネ

【アドバイス】

古代オリンピックに対し、現在行われているオリンピックのことは、近代オリンピックといいます。

22 ノルウェー
46〜47ページ

❶ ほそながい
❷ ストック
❸ ほっきょく
❹ ゆき・けわしい

【アドバイス】

ノルウェーは、ノルディックスキー発祥の地です。その後、アルプス地方で、アルペンスキーが始まりました。

23 スウェーデン
48〜49ページ

❶ ウ
❷ ダイナマイト
❸ せかいの
❹ へいわ

【アドバイス】

ノーベル賞には、平和賞のほか、文学賞、物理学賞、化学賞、医学生理学賞、経済学賞があります。

24 フィンランド 50～51ページ

❶ なつ
❷ オーロラ
❸ トナカイ
❹ ゆうびんきょく

【アドバイス】

サンタクロース村は、フィンランド北部、ラップランド地方のロヴァニエミという都市にあります。

25 タンザニア 52～53ページ

❶ キリマンジャロ
❷ サバンナ
❸ うし
❹ しぜんこうえん
❺ イ

【アドバイス】

タンザニアのセレンゲティ国立公園は、世界自然遺産に登録されています。

26 オーストラリア① 54～55ページ

❶ ユーカリ
❷ ウ・エ
❸ ねばねば
❹ イ

【アドバイス】

コアラは、カンガルーなどと同じく、赤ちゃんの間は母親のおなかの袋の中で過ごす有袋類《ゆうたいるい》の動物です。

27 オーストラリア② 56～57ページ

❶ ふくろ
❷ ウ
❸ 一円玉
❹ イ

【アドバイス】

ニセンチメートルを示したり、一円玉を持たせたりして、生まれたてのカンガルーを想像させてあげてください。

28 ニュージーランド 58～59ページ

❶ ラグビー
❷ ほそながい
❸ ゆうかん
❹ イ

【アドバイス】
❹「ハカ」はマオリ族の伝統的な舞踊です。現在では、冠婚葬祭などいろいろな場面で踊られています。